中国孔子基金会传统文化教育分会测评指定校本教材

全国教育科学"十一五"教育部规划课题"中小学传统文化教育实践研究"实验读本

大字读本 简繁参照

论 语 (上)

中国孔子基金会传统文化教育分会
山东省国立传统文化教育中心 编订

中华书局

图书在版编目（CIP）数据

论语/中国孔子基金会传统文化教育分会;山东省国立传统文化教育中心编订.—北京:中华书局,2013.10(2018.3重印)
（中国孔子基金会传统文化教育分会测评指定校本教材）
ISBN 978 - 7 - 101 - 09531 - 9

Ⅰ. 论…　Ⅱ. ①中…②山…　Ⅲ. ①儒家②《论语》-青年读物③《论语》-少年读物　Ⅳ. B222. 2 - 49

中国版本图书馆 CIP 数据核字(2013)第 161382 号

书　　名	论　语(全二册)
编 订 者	中国孔子基金会传统文化教育分会
	山东省国立传统文化教育中心
丛 书 名	中国孔子基金会传统文化教育分会测评指定校本教材
责任编辑	祝安顺
出版发行	中华书局
	(北京市丰台区太平桥西里38 号　100073)
	http://www.zhbc.com.cn
	E-mail:zhbc@ zhbc.com.cn
印　　刷	北京市白帆印务有限公司
版　　次	2013 年 10 月北京第 1 版
	2018 年 3 月北京第 3 次印刷
规　　格	开本 889 × 1194 毫米　1/16
	印张 12¼　字数 56 千字
印　　数	19001 - 22000 册
国际书号	ISBN 978 - 7 - 101 - 09531 - 9
定　　价	37.00 元

编者的话

意大利著名作家伊塔洛·卡尔维诺说:"一部经典作品是一本每次重读都像初读那样带来发现的书","一部经典作品是一本即使我们初读也好像是在重温的书","一部经典作品是一本永远不会耗尽它要向读者说的一切东西的书"。经典就是那些常读常新、能够不断给我们的心灵带来启示和震撼、能够伴随我们整个人生的伟大作品。经典,魅力无穷,力量巨大,它能够穿越历史的烟尘,在完全不同的时空里散发出令人炫目的光辉。

然而,经典在穿越不同历史阶段中,会遭遇一些批判,甚至冷遇,但经典的魅力并没有因为一度的蒙尘而减损分毫,反而在今天折射出更加耀眼的光芒。

经典文化,是中华民族团结的凝聚力,也是我们奋斗不息的内驱力。文化薪火的接力棒传递到我们这一代手里,任重而道远。"天行健,君子以自强不息。"让我们在经典的怀抱里重新认识自己、找到力量。

据此,我们根据幼儿与少儿的不同特点,分别编订了《三字经·百家姓·千字文·弟子规》、《千家诗》、《声律启蒙·增广贤文》蒙学读本及《诗经》(选)、《大学·中庸》、《论语》、《孟子》(选)、《道德经》、《庄子》(选)、《礼记》(选)、《周易》(选)、《楚辞》(选)经典诵读本,共十二册。

我们衷心希望这套传统文化经典读本能够成为陪伴小朋友们在幼儿园和小学诵读学习、健康成长的良师益友。

中国孔子基金会传统文化教育分会

山东省国立传统文化教育中心

二〇一三年七月

凡 例

一、本套丛书(全 12 册)主要用于中国古代经典诵读。大字拼音,简繁参照,既让少年儿童熟读经典,又可认识繁体字,为将来文化学习打下良好的基础。

二、本套丛书编校过程中,各册参考底本如下。

书　名	参照底本
《三字经》	《三字经训诂》,[清]王伯厚 纂 [清]王晋升 注,康熙丙午年 1666 年英德堂精刻本
《百家姓》	《三字经·百家姓·千字文·弟子规》,李逸安 张立敏 译注,中华书局,2012
《千字文》	《千字文释义》,[清]汪啸尹 纂辑 [清]孙谦益 参注,苏州扫叶山房本
《弟子规》	《弟子规》,喻岳衡 主编,岳麓书社,2005
《千家诗》	《千家诗》,张立敏 编注,中华书局,2009
《声律启蒙·增广贤文》	《增广贤文·弟子规·朱子家训》《声律启蒙·笠翁对韵》,喻岳衡 主编,岳麓书社,2005
《论语》	《论语译注》,杨伯峻 译注,中华书局,2006
《孟子》	《孟子译注》,杨伯峻 译注,中华书局,2013
《大学·中庸》	《四书章句集注》,[宋]朱熹 撰,中华书局,2012
《诗经》	《诗经译注》(修订本),周振甫 译注,中华书局,2013;《诗经注析》(上下),程俊英 蒋见元 注析,中华书局,1999
《礼记》	《礼记译解》,王文锦 译解,中华书局,2001
《周易》	《周易译注》,周振甫 译注,中华书局,2010
《道德经》	《老子注译及评介》(修订增补本),陈鼓应 著,中华书局,1988
《庄子》	《庄子今注今译》(上中下),陈鼓应 注译,中华书局,2009
《楚辞》	《楚辞补注》,[宋]洪兴祖 撰,白化文 许德楠 李如鸾 方进点校,中华书局,1983

三、本套丛书的文本中,个别争议较大的字句同时参考多个版本,择善而从。

四、部分常见通假字,按本字注音,并在该字下方标出本字。部分古今异读的文字,依现行国家语言文字法律法规统一标注今音,便于学生学习。

五、本套丛书测评内容,已用 * 号在目录及内文相应篇目中标出,便于读者查找。

目 录

上 册

下 册

附　录

论语

目录

*学而篇第一

1.1 子曰:"学而时习之,不亦说乎?有朋自远方来,不亦乐乎?人不知而不愠,不亦君子乎?"

1.2 有子曰:"其为人也孝弟,而好犯上者,鲜矣;不好犯上,而好作乱者,未之有也。君子务本,本立而道生。孝弟也者,其为仁之本与?"

1.3 子曰:"巧言令色,鲜矣仁!"

1.4 曾子曰:"吾日三省吾身——为人谋而不忠乎?与朋友交而不信乎?传不习乎?"

1.5 子曰：“道千乘之国，敬事而信，节用而爱人，使民以时。”

1.6 子曰：“弟子，入则孝，出则弟，谨而信，汎爱众，而亲仁。行有余力，则以学文。”

1.7 子夏曰：“贤贤易色；事父母，能竭其力；事君，能致其身；与朋友交，言而有信。虽曰未学，吾必谓之学矣。”

1.8 子曰：“君子不重，则不威；学则不固。主忠信。无友不如己者。过，则勿惮改。”

1.9 曾子曰：“慎终，追远，民德归厚矣。”

1.10 子禽问于子贡曰：“夫子至于是邦也，必闻其政，求之与？抑与之与？”子贡曰：“夫子温、良、恭、俭、让以得之。夫子之求之也，其诸异乎人之求之与？”

1.11　子曰："父在，观其志；父没，观其行；三年无改于父之道，可谓孝矣。"

1.12　有子曰："礼之用，和为贵。先王之道，斯为美；小大由之。有所不行，知和而和，不以礼节之，亦不可行也。"

1.13　有子曰："信近于义，言可复也。恭近于礼，远耻辱也。因不失其亲，亦可宗也。"

1.14　子曰："君子食无求饱，居无求安，敏于事而慎于言，就有道而正焉，可谓好学也已。"

1.15　子贡曰："贫而无谄，富而无骄，何如？"子曰："可也；未若贫而乐，富而好礼者也。"子贡曰："《诗》云：'如切如磋，如琢如磨'，其斯之谓与？"子曰："赐也，始可与言《诗》已

^{yǐ} ^{gào} ^{zhū} ^{wǎng} ^{ér} ^{zhī} ^{lái} ^{zhě}
矣，告诸往而知来者。"

^{zǐ} ^{yuē} ^{bù} ^{huàn} ^{rén} ^{zhī} ^{bù} ^{jǐ} ^{zhī} ^{huàn} ^{bù} ^{zhī}
1.16 子曰："不患人之不己知，患不知

^{rén} ^{yě}
人也。"

论 语

学而篇第一

4

* 为政篇第二

2.1 子曰:"为政以德,譬如北辰,居其所而众星共之。"

2.2 子曰:"《诗》三百,一言以蔽之曰:'思无邪'。"

2.3 子曰:"道之以政,齐之以刑,民免而无耻;道之以德,齐之以礼,有耻且格。"

2.4 子曰:"吾十有五而志于学,三十而立,四十而不惑,五十而知天命,六十而耳顺,七十而从心所欲,不逾矩。"

2.5 孟懿子问孝。子曰:"无违。"樊迟御,

论语

为政篇第二

5

子告之曰："孟孙问孝于我，我对曰'无违'。"樊迟曰："何谓也?"子曰："生，事之以礼;死，葬之以礼,祭之以礼。"

2.6　孟武伯问孝。子曰："父母唯其疾之忧。"

2.7　子游问孝。子曰："今之孝者，是谓能养。至于犬马,皆能有养;不敬,何以别乎?"

2.8　子夏问孝。子曰："色难。有事,弟子服其劳;有酒食,先生馔,曾是以为孝乎?"

2.9　子曰："吾与回言终日,不违,如愚。退而省其私,亦足以发,回也不愚。"

2.10　子曰："视其所以,观其所由,察其所安,人焉廋哉? 人焉廋哉?"

2.11 子曰："温故而知新，可以为师矣。"

2.12 子曰："君子不器。"

2.13 子贡问君子。子曰："先行其言而后从之。"

2.14 子曰："君子周而不比，小人比而不周。"

2.15 子曰："学而不思则罔，思而不学则殆。"

2.16 子曰："攻乎异端，斯害也已。"

2.17 子曰："由，诲女知之乎？知之为知之，不知为不知，是知也。"

2.18 子张学干禄。子曰："多闻阙疑，慎言其余，则寡尤；多见阙殆，慎行其余，则寡悔。言寡尤，行寡悔，禄在其中矣。"

2.19　哀公问曰："何为则民服？"孔子对曰：
"举直错诸枉，则民服；举枉错诸直，则民
不服。"

2.20　季康子问："使民敬、忠以劝，如之何？"
子曰："临之以庄，则敬；孝慈，则忠；举善
而教不能，则劝。"

2.21　或谓孔子曰："子奚不为政？"子曰：
"《书》云：'孝乎惟孝，友于兄弟，施于有
政。'是亦为政，奚其为为政？"

2.22　子曰："人而无信，不知其可也。大车
无輗，小车无軏，其何以行之哉？"

2.23　子张问："十世可知也？"子曰："殷因
于夏礼，所损益，可知也；周因于殷礼，所损
益，可知也。其或继周者，虽百世，可知也。"

2.24　子曰："非其鬼而祭之，谄也。见义不为，无勇也。"

*八佾篇第三
bā yì piān dì sān

3.1 孔子谓季氏："八佾舞于庭，是可忍也，孰不可忍也？"

3.2 三家者以《雍》彻。子曰："'相维辟公，天子穆穆'，奚取于三家之堂？"

3.3 子曰："人而不仁，如礼何？人而不仁，如乐何？"

3.4 林放问礼之本。子曰："大哉问！礼，与其奢也，宁俭；丧，与其易也，宁戚。"

3.5 子曰："夷狄之有君，不如诸夏之亡也。"

3.6 季氏旅于泰山。子谓冉有曰："女弗能

jiù yú duì yuē bù néng zǐ yuē wū hū céng wèi tài
救与?"对曰:"不能。"子曰:"呜呼! 曾谓泰

shān bù rú lín fàng hū
山不如林放乎?"

zǐ yuē jūn zǐ wú suǒ zhēng bì yě shè hū yī ràng
3.7 子曰:"君子无所争。必也射乎! 揖让

ér shēng xià ér yǐn qí zhēng yě jūn zǐ
而升,下而饮。其争也君子。"

zǐ xià wèn yuē qiǎo xiào qiàn xī měi mù pàn xī sù
3.8 子夏问曰:"'巧笑倩兮,美目盼兮,素

yǐ wéi xuàn xī hé wèi yě zǐ yuē huì shì hòu sù
以为绚兮。'何谓也?"子曰:"绘事后素。"

yuē lǐ hòu hū zǐ yuē qǐ yú zhě shāng yě shǐ kě yǔ
曰:"礼后乎?"子曰:"起予者商也! 始可与

yán shī yǐ yǐ
言《诗》已矣。"

zǐ yuē xià lǐ wú néng yán zhī qǐ bù zú zhēng yě
3.9 子曰:"夏礼,吾能言之,杞不足征也;

yīn lǐ wú néng yán zhī sòng bù zú zhēng yě wén xiàn bù zú gù
殷礼,吾能言之,宋不足征也。文献不足故

yě zú zé wú néng zhēng zhī yǐ
也。足,则吾能 征之矣。"

zǐ yuē dì zì jì guàn ér wǎng zhě wú bù yù guān
3.10 子曰:"禘自既灌而往者,吾不欲观

zhī yǐ
之矣。"

huò wèn dì zhī shuō zǐ yuē bù zhī yě zhī qí shuō
3.11 或问禘之说。子曰:"不知也;知其说

者之于天下也，其如示诸斯乎！"指其掌。

3.12　祭如在，祭神如神在。子曰："吾不与祭，如不祭。"

3.13　王孙贾问曰："与其媚于奥，宁媚于灶，何谓也？"子曰："不然；获罪于天，无所祷也。"

3.14　子曰："周监于二代，郁郁乎文哉！吾从周。"

3.15　子入太庙，每事问。或曰："孰谓鄹人之子知礼乎？入太庙，每事问。"子闻之，曰："是礼也。"

3.16　子曰："射不主皮，为力不同科，古之道也。"

3.17　子贡欲去告朔之饩羊。子曰："赐也！

ěr ài qí yáng wǒ ài qí lǐ
尔爱其羊，我爱其礼。"

zǐ yuē shì jūn jìn lǐ rén yǐ wéi chǎn yě
3.18 子曰："事君尽礼，人以为谄也。"

dìng gōng wèn jūn shǐ chén chén shì jūn rú zhī hé
3.19 定公问："君使臣，臣事君，如之何？"

kǒng zǐ duì yuē jūn shǐ chén yǐ lǐ chén shì jūn yǐ zhōng
孔子对曰："君使臣以礼，臣事君以忠。"

zǐ yuē guān jū lè ér bù yín āi ér bù shāng
3.20 子曰："《关雎》，乐而不淫，哀而不伤。"

āi gōng wèn shè yú zǎi wǒ zǎi wǒ duì yuē xià hòu shì
3.21 哀公问社于宰我。宰我对曰："夏后氏

yǐ sōng yīn rén yǐ bǎi zhōu rén yǐ lì yuē shǐ mín zhàn lì
以松，殷人以柏，周人以栗，曰，使民战栗。"

zǐ wén zhī yuē chéng shì bù shuō suì shì bù jiàn jì wǎng
子闻之，曰："成事不说，遂事不谏，既往

bù jiù
不咎。"

zǐ yuē guǎn zhòng zhī qì xiǎo zāi huò yuē guǎn zhòng
3.22 子曰："管仲之器小哉！"或曰："管仲

jiǎn hū yuē guǎn shì yǒu sān guī guān shì bù shè yān dé
俭乎？"曰："管氏有三归，官事不摄，焉得

jiǎn rán zé guǎn zhòng zhī lǐ hū yuē bāng jūn shù sè mén
俭？""然则管仲知礼乎？"曰："邦君树塞门，

guǎn shì yì shù sè mén bāng jūn wéi liǎng jūn zhī hǎo yǒu fǎn diàn
管氏亦树塞门。邦君为两君之好，有反坫，

guǎn shì yì yǒu fǎn diàn guǎn shì ér zhī lǐ shú bù zhī lǐ
管氏亦有反坫。管氏而知礼，孰不知礼？"

3.23　子语鲁大师乐，曰："乐其可知也：始作，翕如也；从之，纯如也，皦如也，绎如也，以成。"

3.24　仪封人请见，曰："君子之至于斯也，吾未尝不得见也。"从者见之。出曰："二三子何患于丧乎？天下之无道也久矣，天将以夫子为木铎。"

3.25　子谓《韶》，"尽美矣，又尽善也。"谓《武》，"尽美矣，未尽善也。"

3.26　子曰："居上不宽，为礼不敬，临丧不哀，吾何以观之哉？"

* 里仁篇第四

zǐ yuē　　lǐ rén wéi měi　　zé bù chǔ rén　yān dé zhì

4.1　子曰："里仁为美。择不处仁,焉得知?"

zǐ yuē　　　bù rén zhě bù kě yǐ jiǔ chǔ yuē　bù kě yǐ

4.2　子曰："不仁者不可以久处约,不可以

cháng chǔ lè　　rén zhě ān rén　　zhì zhě lì rén

长 处乐。仁者安仁,知者利仁。"

zǐ yuē　　　wéi rén zhě néng hào rén　néng wù rén

4.3　子曰："唯仁者能 好人,能恶人。"

zǐ yuē　　gǒu zhì yú rén yǐ　　wú è yě

4.4　子曰："苟志于仁矣,无恶也。"

zǐ yuē　　　fù yǔ guì　　shì rén zhī suǒ yù yě　　bù yǐ qí

4.5　子曰："富与贵,是人之所欲也;不以其

dào dé zhī　　bù chǔ yě　　　pín yǔ jiàn　　shì rén zhī suǒ wù yě　　bù

道得之,不处也。贫与贱,是人之所恶也;不

yǐ qí dào dé zhī　　bù qù yě　　　jūn zǐ qù rén　wū hū chéng

以其道得之,不去也。君子去仁,恶乎成

míng　　jūn zǐ wú zhōng shí zhī jiān wéi rén　　zào cì bì yú shì diān

名?君子无终食之间违仁,造次必于是,颠

pèi bì yú shì

沛必于是。"

4.6　子曰："我未见好仁者，恶不仁者。好仁者，无以尚之；恶不仁者，其为仁矣，不使不仁者加乎其身。有能一日用其力于仁矣乎？我未见力不足者。盖有之矣，我未之见也。"

4.7　子曰："人之过也，各于其党。观过，斯知仁矣。"

4.8　子曰："朝闻道，夕死可矣。"

4.9　子曰："士志于道，而耻恶衣恶食者，未足与议也。"

4.10　子曰："君子之于天下也，无适也，无莫也，义之与比。"

4.11　子曰："君子怀德，小人怀土；君子怀刑，小人怀惠。"

4.12　子曰：“放于利而行，多怨。”

4.13　子曰：“能以礼让为国乎？何有？不能以礼让为国，如礼何？”

4.14　子曰：“不患无位，患所以立。不患莫己知，求为可知也。”

4.15　子曰：“参乎，吾道一以贯之。”曾子曰：“唯。”子出，门人问曰：“何谓也？”曾子曰：“夫子之道，忠恕而已矣。”

4.16　子曰：“君子喻于义，小人喻于利。”

4.17　子曰：“见贤思齐焉，见不贤而内自省也。”

4.18　子曰：“事父母几谏，见志不从，又敬不违，劳而不怨。”

4.19　子曰：“父母在，不远游，游必有方。”

4.20　子曰："三年无改于父之道，可谓孝矣。"

4.21　子曰："父母之年，不可不知也。一则以喜，一则以惧。"

4.22　子曰："古者言之不出，耻躬之不逮也。"

4.23　子曰："以约失之者鲜矣。"

4.24　子曰："君子欲讷于言而敏于行。"

4.25　子曰："德不孤，必有邻。"

4.26　子游曰："事君数，斯辱矣；朋友数，斯疏矣。"

＊公冶长篇第五

5.1　子谓公冶长，"可妻也。虽在缧绁之中，非其罪也。"以其子妻之。

5.2　子谓南容，"邦有道，不废；邦无道，免于刑戮。"以其兄之子妻之。

5.3　子谓子贱，"君子哉若人！鲁无君子者，斯焉取斯？"

5.4　子贡问曰："赐也何如？"子曰："女，器也。"曰："何器也？"曰："瑚琏也。"

5.5　或曰："雍也仁而不佞。"子曰："焉用佞？御人以口给，屡憎于人。不知其仁，焉

5.6　子使漆彤开仕。对曰："吾斯之未能

信。"子说。

5.7　子曰："道不行，乘桴浮于海。从我者，

其由与！"子路闻之喜。子曰："由也好勇过

我，无所取材。"

5.8　孟武伯问子路仁乎？子曰："不知也。"

又问。子曰："由也，千乘之国，可使治其赋

也，不知其仁也。""求也何如？"子曰："求也，

千室之邑，百乘之家，可使为之宰也，不知

其仁也。""赤也何如？"子曰："赤也，束带立

于朝，可使与宾客言也，不知其仁也。"

5.9　子谓子贡曰：女与回也孰愈？"对曰："赐

也何敢望回？回也闻一以知十，赐也闻一

以知二。"子曰:"弗如也;吾与女弗如也。"

5.10 宰予昼寝。子曰:"朽木不可雕也,粪土之墙不可杇也;于予与何诛?"子曰:"始吾于人也,听其言而信其行;今吾于人也,听其言而观其行。于予与改是。"

5.11 子曰:"吾未见刚者。"或对曰:"申枨。"子曰:"枨也欲,焉得刚?"

5.12 子贡曰:"我不欲人之加诸我也,吾亦欲无加诸人。"子曰:"赐也,非尔所及也。"

5.13 子贡曰:"夫子之文章,可得而闻也;夫子之言性与天道,不可得而闻也。"

5.14 子路有闻,未之能行,唯恐有闻。

5.15 子贡问曰:"孔文子何以谓之'文'也?"子曰:"敏而好学,不耻下问,是以谓之

'文'也。"

5.16 子谓子产，"有君子之道四焉：其行己也恭，其事上也敬，其养民也惠，其使民也义。"

5.17 子曰："晏平仲善与人交，久而敬之。"

5.18 子曰："臧文仲居蔡，山节藻棁，何如其知也！"

5.19 子张问曰："令尹子文三仕为令尹，无喜色；三已之，无愠色。旧令尹之政，必以告新令尹。何如？"子曰："忠矣。"曰："仁矣乎？"曰："未知；——焉得仁？""崔子弑齐君，陈文子有马十乘，弃而违之。至于他邦，则曰：'犹吾大夫崔子也。'违之。之一邦，则又曰：'犹吾大夫崔子也。'违之。何如？"子曰："清矣。"曰："仁矣乎？"曰："未知；——焉得仁？"

5.20　季文子三思而后行。子闻之，曰："再，斯可矣。"

5.21　子曰："宁武子，邦有道，则知；邦无道，则愚。其知可及也，其愚不可及也。"

5.22　子在陈，曰："归与！归与！吾党之小子狂简，斐然成章，不知所以裁之。"

5.23　子曰："伯夷、叔齐不念旧恶，怨是用希。"

5.24　子曰："孰谓微生高直？或乞醯焉，乞诸其邻而与之。"

5.25　子曰："巧言、令色、足恭，左丘明耻之，

qiū yì chǐ zhī　　　 nì yuàn ér yǒu qí rén　zuǒ qiū míng chǐ zhī　 qiū

丘亦耻之。匿怨而友其人，左丘明耻之，丘

yì chǐ zhī

亦耻之。"

　　　　 yán yuān jì lù shì　　 zǐ yuē　 hé gè yán ěr zhì　　 zǐ

5.26　颜渊季路侍。子曰："盍各言尔志？"子

lù　 yuē　　 yuàn chē mǎ yì qīng qiú yǔ péng yǒu gòng bì zhī ér wú

路曰："愿车马衣轻裘与朋友共敝之而无

hàn　　 yán yuān yuē　　 yuàn wú fá shàn　wú shī láo　　 zǐ lù yuē

憾。"颜渊曰："愿无伐善，无施劳。"子路曰：

yuàn wén zǐ zhī zhì　　 zǐ yuē　　 lǎo zhě ān zhī　 péng yǒu xìn

"愿闻子之志。"子曰："老者安之，朋友信

zhī　 shào zhě huái zhī

之，少者怀之。"

　　　　　 zǐ yuē　　 yǐ yǐ hū　　 wú wèi jiàn néng jiàn qí guò ér

5.27　子曰："已矣乎！吾未见能见其过而

nèi zì sòng zhě yě

内自讼者也。"

　　　　　 zǐ yuē　　 shí shì zhī yì　　 bì yǒu zhōng xìn rú qiū zhě

5.28　子曰："十室之邑，必有忠信如丘者

yān　 bù rú qiū zhī hào xué yě

焉，不如丘之好学也。"

论语

公冶长篇第五

24

yōng yě piān dì liù
*雍也篇第六

6.1 子曰："雍也可使南面。"仲弓问子桑伯子。子曰："可也简。"

6.2 仲弓曰："居敬而行简，以临其民，不亦可乎？居简而行简，无乃大简乎？"子曰："雍之言然。"

6.3 哀公问："弟子孰为好学？"孔子对曰："有颜回者好学，不迁怒，不贰过。不幸短命死矣，今也则亡，未闻好学者也。"

6.4 子华使于齐，冉子为其母请粟。子曰："与之釜。"请益。曰："与之庾。"冉子与之粟

wǔ bǐng zǐ yuē chì zhī shì qí yě chéng féi mǎ yì qīng
五秉。子曰:"赤之适齐也,乘肥马,衣轻

qiú wú wén zhī yě jūn zǐ zhōu jí bù jì fù
裘。吾闻之也:君子周急不济富。"

yuán sī wéi zhī zǎi yǔ zhī sù jiǔ bǎi cí zǐ yuē
6.5　原思为之宰,与之粟九百,辞。子曰:

wú yǐ yǔ ěr lín lǐ xiāng dǎng hū
"毋,以与尔邻里乡党乎!

zǐ wèi zhòng gōng yuē lí niú zhī zǐ xīng qiě jiǎo suī yù
6.6　子谓仲弓,曰:"犁牛之子骍且角,虽欲

wù yòng shān chuān qí shě zhū
勿用,山川其舍诸?"

zǐ yuē huí yě qí xīn sān yuè bù wéi rén qí yú zé
6.7　子曰:"回也,其心三月不违仁,其余则

rì yuè zhì yān ér yǐ yǐ
日月至焉而已矣。"

jì kāng zǐ wèn zhòng yóu kě shǐ cóng zhèng yě yú zǐ
6.8　季康子问:"仲由可使从政也与?"子

yuē yóu yě guǒ yú cóng zhèng hū hé yǒu yuē cì yě kě
曰:"由也果,于从政乎何有?"曰:"赐也可

shǐ cóng zhèng yě yú yuē cì yě dá yú cóng zhèng hū hé
使从政也与?"曰:"赐也达,于从政乎何

yǒu yuē qiú yě kě shǐ cóng zhèng yě yú yuē qiú yě
有?"曰:"求也可使从政也与?"曰:"求也

yì yú cóng zhèng hū hé yǒu
艺,于从政乎何有?"

jì shì shǐ mǐn zǐ qiān wéi bì zǎi mǐn zǐ qiān yuē shàn
6.9　季氏使闵子骞为费宰。闵子骞曰:"善

wèi wǒ cí yān　　rú yǒu fù wǒ zhě　zé wú bì zài wèn
为我辞焉！如有复我者，则吾必在汶

shàng yǐ
上矣。”

bó niú yǒu jí　zǐ wèn zhī　zì yǒu zhí qí shǒu yuē
6.10　伯牛有疾，子问之，自牖执其手，曰：

wáng zhī　mìng yǐ fú　　sī rén yě ér yǒu sī jí yě　sī rén
“亡之，命矣夫！斯人也而有斯疾也！斯人

yě ér yǒu sī jí yě
也而有斯疾也！”

zǐ yuē　xián zāi　huí yě　　yī dān shí　yī piáo yǐn
6.11　子曰：“贤哉，回也！一箪食，一瓢饮，

zài lòu xiàng　rén bù kān qí yōu　huí yě bù gǎi qí lè　xián
在陋巷，人不堪其忧，回也不改其乐。贤

zāi　huí yě
哉，回也。”

rǎn qiú yuē　　fēi bù yuè zǐ zhī dào　lì bù zú yě
6.12　冉求曰：“非不说子之道，力不足也。”

zǐ yuē　　lì bù zú zhě　zhōng dào ér fèi　　jīn rǔ huà
子曰：“力不足者，中道而废。今女画。”

zǐ wèi zǐ xià yuē　　rǔ wéi jūn zǐ rú　　wú wéi xiǎo
6.13　子谓子夏曰：“女为君子儒！无为小

rén rú
人儒！”

zǐ yóu wéi wǔ chéng zǎi　　zǐ yuē　　rǔ dé rén yān ěr
6.14　子游为武城宰。子曰：“女得人焉尔

hū　　yuē　　yǒu tán tái miè míng zhě　xíng bù yóu jìng　fēi gōng
乎？”曰：“有澹台灭明者，行不由径，非公

shì　wèi cháng zhì yú yǎn zhī shì yě
事，未尝至于偃之室也。"

zǐ yuē　mèng zhī fǎn bù fá　bēn ér diàn jiāng rù mén
6.15　子曰："孟之反不伐，奔而殿，将入门，

cè qí mǎ　yuē　fēi gǎn hòu yě　mǎ bù jìn yě
策其马，曰：'非敢后也，马不进也。'"

zǐ yuē　bù yǒu zhù tuó zhī nìng　ér yǒu sòng cháo zhī měi
6.16　子曰："不有祝鮀之佞，而有宋朝之美，

nán hū miǎn yú jīn zhī shì yǐ
难乎免于今之世矣。"

zǐ yuē　shuí néng chū bù yóu hù　hé mò yóu sī
6.17　子曰："谁能出不由户？何莫由斯

dào yě
道也？"

zǐ yuē　zhì shèng wén zé yě　wén shèng zhì zé shǐ　wén
6.18　子曰："质胜文则野，文胜质则史。文

zhì bīn bīn　rán hòu jūn zǐ
质彬彬，然后君子。"

zǐ yuē　rén zhī shēng yě zhí　wǎng zhī shēng yě xìng
6.19　子曰："人之生也直，罔之生也幸

ér miǎn
而免。"

zǐ yuē　zhī zhī zhě bù rú hào zhī zhě　hào zhī zhě bù
6.20　子曰："知之者不如好之者，好之者不

rú lè zhī zhě
如乐之者。"

zǐ yuē　zhōng rén yǐ shàng　kě yǐ yǔ shàng yě　zhōng rén
6.21　子曰："中人以上，可以语上也；中人

以下，不可以语上也。"

6.22　樊迟问知。子曰："务民之义，敬鬼神而远之，可谓知矣。"问仁。曰："仁者先难而后获，可谓仁矣。"

6.23　子曰："知者乐水，仁者乐山。知者动，仁者静。知者乐，仁者寿。"

6.24　子曰："齐一变，至于鲁；鲁一变，至于道。"

6.25　子曰："觚不觚，觚哉！觚哉！"

6.26　宰我问曰："仁者，虽告之曰：'井有仁焉。'其从之也？"子曰："何为其然也？君子可逝也，不可陷也；可欺也，不可罔也。"

6.27　子曰："君子博学于文，约之以礼，亦可以弗畔矣夫！"

6.28　子见南子，子路不说。夫子矢之曰："予所否者，天厌之！天厌之！"

6.29　子曰："中庸之为德也，其至矣乎！民鲜久矣。"

6.30　子贡曰："如有博施于民而能济众，何如？可谓仁乎？"子曰："何事于仁！必也圣乎！尧舜其犹病诸。夫仁者，己欲立而立人，己欲达而达人。能近取譬，可谓仁之方也已。"

*述而篇第七
shù ér piān dì qī

7.1 子曰:"述而不作,信而好古,窃比于我
zǐ yuē   shù ér bù zuò xìn ér hào gǔ qiè bǐ yú wǒ

老彭。"
lǎo péng

7.2 子曰:"默而识之,学而不厌,诲人不倦,
zǐ yuē   mò ér zhì zhī xué ér bù yàn huì rén bù juàn

何有于我哉?"
hé yǒu yú wǒ zāi

7.3 子曰:"德之不修,学之不讲,闻义不能
zǐ yuē   dé zhī bù xiū xué zhī bù jiǎng wén yì bù néng

徙,不善不能改,是吾忧也。"
xǐ   bù shàn bù néng gǎi shì wú yōu yě

7.4 子之燕居,申申如也,夭夭如也。"
zǐ zhī yàn jū shēn shēn rú yě yāo yāo rú yě

7.5 子曰:"甚矣吾衰也!久矣吾不复梦见
zǐ yuē   shèn yǐ wú shuāi yě jiǔ yǐ wú bù fù mèng jiàn

周公!"
zhōu gōng

7.6 子曰:"志于道,据于德,依于仁,游
zǐ yuē   zhì yú dào jù yú dé yī yú rén yóu

yú yì
于艺。"

7.7　子曰："zì xíng shù xiū yǐ shàng　wú wèi cháng wú自行束脩以上，吾未尝无huì yān诲焉。"

7.8　子曰："bù fèn bù qǐ　bù fěi bù fā　jǔ yī yú bù不愤不启，不悱不发。举一隅不yǐ sān yú fǎn　zé bù fù yě以三隅反，则不复也。"

7.9　子食于有丧者之侧，未尝饱也。

7.10　子于是日哭，则不歌。

7.11　子谓颜渊曰："用之则行，舍之则藏，惟我与尔有是夫！"子路曰："子行三军，则谁与？"子曰："暴虎冯河，死而无悔者，吾不与也。必也临事而惧，好谋而成者也！"

7.12　子曰："富而可求也，虽执鞭之士，吾亦为之。如不可求，从吾所好。"

7.13　子之所慎："齐、战、疾。"

7.14　子在齐闻《韶》，三月不知肉味，曰："不图为乐之至于斯也。"

7.15　冉有曰："夫子为卫君乎?"子贡曰："诺;吾将问之。"入，曰："伯夷、叔齐何人也?"曰："古之贤人也。"曰："怨乎?"曰："求仁而得仁，又何怨?"出，曰："夫子不为也。"

7.16　子曰："饭疏食饮水，曲肱而枕之，乐亦在其中矣。不义而富且贵，于我如浮云。"

7.17　子曰："加我数年，五十以学《易》，可以无大过矣。"

7.18　子所雅言，《诗》、《书》、执礼，皆雅言也。

7.19　叶公问孔子于子路，子路不对。子曰："女奚不曰，其为人也，发愤忘食，乐以忘忧，不知老之将至云尔。"

7.20　子曰："我非生而知之者，好古，敏以求之者也。"

7.21　子不语怪，力，乱，神。

7.22　子曰："三人行，必有我师焉。择其善者而从之，其不善者而改之。"

7.23　子曰："天生德于予，桓魋其如予何？"

7.24　子曰："二三子以我为隐乎？吾无隐乎尔。吾无行而不与二三子者，是丘也。"

7.25　子以四教：文，行，忠，信。

7.26　子曰："圣人，吾不得而见之矣；得见君子者，斯可矣。"子曰："善人，吾不得而见之矣；得见有恒者，斯可矣。亡而为有，虚而为盈，约而为泰，难乎有恒矣。"

7.27　子钓而不纲，弋不射宿。

7.28　子曰："盖有不知而作之者，我无是也。多闻，择其善者而从之；多见而识之，知之次也。"

7.29　互乡难与言，童子见，门人惑。子曰："与其进也，不与其退也，唯何甚？人洁己以进，与其洁也，不保其往也。"

7.30　子曰："仁远乎哉？我欲仁，斯仁至矣。"

7.31　陈司败问昭公知礼乎，孔子曰："知礼。"孔子退，揖巫马期而进之，曰："吾闻君子不党。君子亦党乎？君取于吴，为同姓，谓之吴孟子。君而知礼，孰不知礼？"巫马期以告。子曰："丘也幸，苟有过，人必知之。”

　　　　zǐ　yǔ　rén　gē　ér　shàn　　bì　shǐ　fǎn　zhī　　ér　hòu　hè　zhī

7.32　子与人歌而善，必使反之，而后和之。

　　　　zǐ　yuē　　wén　mò　wú　yóu　rén　yě　　gōng　xíng　jūn　zǐ　　zé

7.33　子曰：“文，莫吾犹人也。躬行君子，则

wú　wèi　zhī　yǒu　dé

吾未之有得。”

　　　　zǐ　yuē　　ruò　shèng　yǔ　rén　　zé　wú　qǐ　gǎn　　yì　wéi　zhī

7.34　子曰：“若圣与仁，则吾岂敢？抑为之

bù　yàn　　huì　rén　bù　juàn　　zé　kě　wèi　yún　ěr　yǐ　yǐ　　gōng　xī　huá

不厌，诲人不倦，则可谓云尔已矣。”公西华

yuē　　zhèng　wéi　dì　zǐ　bù　néng　xué　yě

曰：“正唯弟子不能学也。”

　　　　zǐ　jí　bìng　　zǐ　lù　qǐng　dǎo　　zǐ　yuē　　yǒu　zhū　　zǐ

7.35　子疾病，子路请祷。子曰：“有诸？”子

lù　duì　yuē　　yǒu　zhī　　lěi　yuē　　dǎo　ěr　yú　shàng　xià　shén　qí

路对曰：“有之；诔曰：‘祷尔于上下神祇。’”

zǐ　yuē　　qiū　zhī　dǎo　jiǔ　yǐ

子曰：“丘之祷久矣。”

　　　　zǐ　yuē　　shē　zé　bù　xùn　　jiǎn　zé　gù　　yǔ　qí　bù　xùn

7.36　子曰：“奢则不孙，俭则固。与其不孙

yě　　níng　gù

也，宁固。”

　　　　zǐ　yuē　　jūn　zǐ　tǎn　dàng　dàng　xiǎo　rén　cháng　qī　qī

7.37　子曰：“君子坦荡荡，小人长戚戚。”

　　　　zǐ　wēn　ér　lì　　wēi　ér　bù　měng　gōng　ér　ān

7.38　子温而厉，威而不猛，恭而安。

泰伯篇第八

8.1　子曰："泰伯,其可谓至德也已矣。三以
zǐ yuē　　tài bó　qí kě wèi zhì dé yě yǐ yǐ　　sān yǐ

天下让,民无得而称焉。"
tiān xià ràng　mín wú dé ér chēng yān

8.2　子曰："恭而无礼则劳,慎而无礼则葸,
zǐ yuē　　gōng ér wú lǐ zé láo　shèn ér wú lǐ zé xǐ

勇而无礼则乱,直而无礼则绞。君子笃于
yǒng ér wú lǐ zé luàn　zhí ér wú lǐ zé jiǎo　　jūn zǐ dǔ yú

亲,则民兴于仁;故旧不遗,则民不偷。"
qīn　zé mín xīng yú rén　gù jiù bù yí　zé mín bù tōu

8.3　曾子有疾,召门弟子曰："启予足,启予
zēng zǐ yǒu jí　zhào mén dì zǐ yuē　　qǐ yú zú　qǐ yú

手!《诗》云:'战战兢兢,如临深渊,如履
shǒu　　shī yún　　zhàn zhàn jīng jīng　rú lín shēn yuān　rú lǚ

薄冰。'而今而后,吾知免夫! 小子!"
bó bīng　　ér jīn ér hòu　wú zhī miǎn fú　xiǎo zǐ

8.4　曾子有疾,孟敬子问之。曾子言曰:
zēng zǐ yǒu jí　mèng jìng zǐ wèn zhī　　zēng zǐ yán yuē

"鸟之将死,其鸣也哀;人之将死,其言也善。
niǎo zhī jiāng sǐ　qí míng yě āi　rén zhī jiāng sǐ　qí yán yě shàn

君子所贵乎道者三：动容貌，斯远暴慢矣；正颜色，斯近信矣；出辞气，斯远鄙倍矣。

笾豆之事，则有司存。"

8.5　曾子曰："以能问于不能，以多问于寡；有若无，实若虚，犯而不校——昔者吾友尝从事于斯矣。"

8.6　曾子曰："可以托六尺之孤，可以寄百里之命，临大节而不可夺也——君子人与？君子人也。"

8.7　曾子曰："士不可以不弘毅，任重而道远。仁以为己任，不亦重乎？死而后已，不亦远乎？"

8.8　子曰："兴于《诗》，立于礼，成于乐。"

8.9　子曰："民可使由之，不可使知之。"

8.10 子曰："好勇疾贫，乱也。人而不仁，疾之已甚，乱也。"

8.11 子曰："如有周公之才之美，使骄且吝，其余不足观也已。"

8.12 子曰："三年学，不至于谷，不易得也。"

8.13 子曰："笃信好学，守死善道。危邦不入，乱邦不居。天下有道则见，无道则隐。邦有道，贫且贱焉，耻也；邦无道，富且贵焉，耻也。"

8.14 子曰："不在其位，不谋其政。"

8.15 子曰："师挚之始，《关雎》之乱，洋洋乎盈耳哉！"

8.16 子曰："狂而不直，侗而不愿，悾悾而不信，吾不知之矣。"

8.17　子曰："学如不及，犹恐失之。"

8.18　子曰："巍巍乎，舜禹之有天下也而不与焉！"

8.19　子曰："大哉尧之为君也！巍巍乎！唯天为大，唯尧则之。荡荡乎，民无能名焉。巍巍乎，其有成功也，焕乎其有文章。"

8.20　舜有臣五人而天下治。武王曰："予有乱臣十人。"孔子曰："才难，不其然乎？唐虞之际，于斯为盛。有妇人焉，九人而已。三分天下有其二，以服事殷。周之德，其可谓至德也已矣。"

8.21　子曰："禹，吾无间然矣。菲饮食而致孝乎鬼神，恶衣服而致美乎黻冕，卑宫室而尽力乎沟洫。禹，吾无间然矣。"

子罕篇第九

zǐ hǎn piān dì jiǔ

9.1 子罕言利与命与仁。
zǐ hǎn yán lì yǔ mìng yǔ rén

9.2 达巷党人曰:"大哉孔子!博学而无所成名。"子闻之,谓门弟子曰:"吾何执? 执御乎? 执射乎? 吾执御矣。"
dá xiàng dǎng rén yuē / dà zāi kǒng zǐ / bó xué ér wú suǒ chéng míng / zǐ wén zhī / wèi mén dì zǐ yuē / wú hé zhí / zhí yù hū / zhí shè hū / wú zhí yù yǐ

9.3 子曰:"麻冕,礼也;今也纯,俭,吾从众。拜下,礼也;今拜乎上,泰也。虽违众,吾从下。"
zǐ yuē / má miǎn lǐ yě / jīn yě chún jiǎn wú cóng zhòng / bài xià lǐ yě / jīn bài hū shàng tài yě / suī wéi zhòng wú cóng xià

9.4 子绝四——毋意,毋必,毋固,毋我。
zǐ jué sì / wú yì wú bì wú gù wú wǒ

9.5 子畏于匡,曰:"文王既没,文不在兹乎? 天之将丧斯文也,后死者不得与于斯
zǐ wèi yú kuāng yuē / wén wáng jì mò wén bù zài zī hū / tiān zhī jiāng sàng sī wén yě hòu sǐ zhě bù dé yù yú sī

文也；天之未丧斯文也，匡人其如予何？"

9.6　太宰问于子贡曰："夫子圣者与？何其多能也？"子贡曰："固天纵之将圣，又多能也。"子闻之，曰："太宰知我乎！吾少也贱，故多能鄙事。君子多乎哉？不多也。"

9.7　牢曰："子云，'吾不试，故艺。'"

9.8　子曰："吾有知乎哉？无知也。有鄙夫问于我，空空如也。我叩其两端而竭焉。"

9.9　子曰："凤鸟不至，河不出图，吾已矣夫！"

9.10　子见齐衰者、冕衣裳者与瞽者，见之，虽少，必作；过之，必趋。

9.11　颜渊喟然叹曰："仰之弥高，钻之弥坚，瞻之在前，忽焉在后。夫子循循然善诱人，

论语

子罕篇第九

博我以文，约我以礼，欲罢不能。既竭吾才，如有所立卓尔。虽欲从之，末由也已。"

9.12　子疾病，子路使门人为臣。病间，曰："久矣哉，由之行诈也。无臣而为有臣。吾谁欺？欺天乎！且予与其死于臣之手也，无宁死于二三子之手乎！且予纵不得大葬，予死于道路乎？"

9.13　子贡曰："有美玉于斯，韫匵而藏诸？求善贾而沽诸？"子曰："沽之哉！沽之哉！我待贾者也。"

9.14　子欲居九夷。或曰："陋，如之何？"子曰："君子居之，何陋之有？"

9.15　子曰："吾自卫反鲁，然后乐正，《雅》、《颂》各得其所。"

9.16　子曰："出则事公卿，入则事父兄，丧
事不敢不勉，不为酒困，何有于我哉？"

9.17　子在川上，曰："逝者如斯夫！不舍
昼夜。"

9.18　子曰："吾未见好德如好色者也。"

9.19　子曰："譬如为山，未成一篑，止，吾止
也。譬如平地，虽覆一篑，进，吾往也。"

9.20　子曰："语之而不惰者，其回也与？"

9.21　子谓颜渊，曰："惜乎！吾见其进也，未
见其止也。"

9.22　子曰："苗而不秀者有矣夫！秀而不实
者有矣夫！"

9.23　子曰："后生可畏，焉知来者之不如今
也？四十、五十而无闻焉，斯亦不足畏

yě yǐ
也已。"

9.24　子曰："法语之言，能无从乎？改之为
guì
贵。巽与之言，能无说乎？绎之为贵。说
ér bù yì cóng ér bù gǎi wú mò rú zhī hé yě yǐ yǐ
而不绎，从而不改，吾末如之何也已矣。"

9.25　子曰："主忠信，毋友不如己者，过则
wù dàn gǎi
勿惮改。"

9.26　子曰："三军可夺帅也，匹夫不可夺
zhì yě
志也。"

9.27　子曰："衣敝缊袍，与衣狐貉者立，而不
chǐ zhě qí yóu yě yú bù zhì bù qiú hé yòng bù zāng
耻者，其由也与？'不忮不求，何用不臧？'"
zǐ lù zhōng shēn sòng zhī zǐ yuē shì dào yě hé zú
子路终身诵之。子曰："是道也，何足
yǐ zāng
以臧？"

9.28　子曰："岁寒，然后知松柏之后彫也。"

9.29　子曰："知者不惑，仁者不忧，勇者

bù jù
不惧。"

9.30　子曰："可与共学，未可与适道；可与适
道，未可与立；可与立，未可与权。"

9.31　"唐棣之华，偏其反而。岂不尔思？室
是远而。"子曰："未之思也，夫何远之有？"

* 乡党篇第十

10.1 孔子于乡党，恂恂如也，似不能言者。

其在宗庙朝廷，便便言，唯谨尔。

10.2 朝，与下大夫言，侃侃如也；与上大夫言，訚訚如也。君在，踧踖如也，与与如也。

10.3 君召使摈，色勃如也，足躩如也。揖所与立，左右手，衣前后，襜如也。趋进，翼如也。宾退，必复命曰："宾不顾矣。"

10.4 入公门，鞠躬如也，如不容。立不中门，行不履阈。过位，色勃如也，足躩如也，其言似不足者。摄齐升堂，鞠躬如也，屏气

47

似不息者。出，降一等，逞颜色，怡怡如也。

没阶，趋进，翼如也。复其位，踧踖如也。

10.5 执圭，鞠躬如也，如不胜。上如揖，下如授。勃如战色，足蹜蹜如有循。享礼，有容色。私觌，愉愉如也。

10.6 君子不以绀緅饰，红紫不以为亵服。当暑，袗绤绤，必表而出之。缁衣，羔裘；素衣，麑裘；黄衣，狐裘。亵裘长，短右袂。必有寝衣，长一身有半。狐貉之厚以居。去丧，无所不佩。非帷裳，必杀之。羔裘玄冠不以吊。吉月，必朝服而朝。

10.7 齐，必有明衣，布。齐必变食，居必迁坐。

10.8 食不厌精，脍不厌细。食饐而餲，鱼馁

ér ròu bài bù shí　sè è　bù shí　xiù è　bù shí　shī
而肉败，不食。色恶，不食。臭恶，不食。失

rèn bù shí　bù shí　bù shí　gē bù zhèng bù shí　bù
饪，不食。不时，不食。割不正，不食。不

dé qí jiàng bù shí　ròu suī duō bù shǐ shèng shí qì　wéi jiǔ
得其酱，不食。肉虽多，不使胜食气。唯酒

wú liàng bù jí luàn　gū jiǔ shì fǔ bù shí　bù chè jiāng shí
无量，不及乱。沽酒市脯不食。不撤姜食，

bù duō shí
不多食。

10.9　祭于公，不宿肉。祭肉不出三日。出
jì yú gōng bù sù ròu　jì ròu bù chū sān rì　chū

sān rì bù shí zhī yǐ
三日，不食之矣。

10.10　食不语，寝不言。
shí bù yǔ qǐn bù yán

10.11　虽疏食菜羹，瓜祭，必斋如也。
suī shū shí cài gēng guā jì bì zhāi rú yě

10.12　席不正，不坐。
xí bù zhèng bù zuò

10.13　乡人饮酒，杖者出，斯出矣。
xiāng rén yǐn jiǔ zhàng zhě chū sī chū yǐ

10.14　乡人傩，朝服而立于阼阶。
xiāng rén nuó cháo fú ér lì yú zuò jiē

10.15　问人于他邦，再拜而送之。
wèn rén yú tā bāng zài bài ér sòng zhī

10.16　康子馈药，拜而受之。曰："丘未达，
kāng zǐ kuì yào bài ér shòu zhī yuē qiū wèi dá

bù gǎn cháng
不敢尝。"

10.17　厩焚。子退朝，曰："伤人乎？"不问马。

10.18　君赐食，必正席先尝之。君赐腥，必熟而荐之。君赐生，必畜之。侍食于君，君祭，先饭。

10.19　疾，君视之，东首，加朝服，拖绅。

10.20　君命召，不俟驾行矣。

10.21　入太庙，每事问。

10.22　朋友死，无所归，曰："于我殡"。

10.23　朋友之馈，虽车马，非祭肉，不拜。

10.24　寝不尸，居不容。

10.25　见齐衰者，虽狎，必变。见冕者与瞽者，虽亵，必以貌。凶服者式之。式负版

50

者。有盛馔，必变色而作。迅雷风烈
必变。

10.26　升车，必正立，执绥。车中不内顾，
不疾言，不亲指。

10.27　色斯举矣，翔而后集。曰："山梁雌
雉，时哉时哉！"子路共之，三嗅而作。

學而篇第一

1.1　子曰:"學而時習之,不亦説乎?有朋自遠方來,不亦樂乎?人不知而不愠,不亦君子乎?"

1.2　有子曰:"其爲人也孝弟,而好犯上者,鮮矣;不好犯上,而好作亂者,未之有也。君子務本,本立而道生。孝弟也者,其爲仁之本與!"

1.3　子曰:"巧言令色,鮮矣仁!"

1.4　曾子曰:"吾日三省吾身——爲人謀而不忠乎?與朋友交而不信乎?傳不習乎?"

1.5　子曰:"道千乘之國,敬事而信,節用而愛人,使民以時。"

1.6　子曰:"弟子,入則孝,出則弟,謹而信,汎愛衆,而親仁。行有餘力,則以學文。"

1.7　子夏曰:"賢賢易色;事父母,能竭其力;事君,能致其身;與朋友交,言而有信。雖曰未學,吾必謂之學矣。"

1.8　子曰:"君子不重,則不威;學則不固。主忠信。無友不如己者。過,則勿憚改。"

1.9　曾子曰:"慎終,追遠,民德歸厚矣。"

1.10　子禽問於子貢曰:"夫子至於是邦也,必聞其政,求之與？抑與之與？"子貢曰："夫子溫、良、恭、儉、讓以得之。夫子之求之也，其諸異乎人之求之與？"

1.11　子曰："父在，觀其志；父没，觀其行；三年無改於父之道，可謂孝矣。"

1.12　有子曰："禮之用，和爲貴。先王之道，斯爲美；小大由之。有所不行，知和而和，不以禮節之，亦不可行也。"

1.13　有子曰："信近於義，言可復也。恭近於禮，遠恥辱也。因不失其親，亦可宗也。"

1.14　子曰："君子食無求飽，居無求安，敏於事而慎於言，就有道而正焉，可謂好學也已。"

1.15　子貢曰："貧而無諂，富而無驕，何如？"子曰："可也；未若貧而樂，富而好禮者也。"子貢曰："詩云：'如切如磋，如琢如磨'，其斯之謂與？"子曰："賜也，始可與言詩已矣，告諸往而知來者。"

1.16　子曰："不患人之不己知，患不知人也。"

爲政篇第二

2.1　子曰:"爲政以德,譬如北辰居其所而衆星共之。"

2.2　子曰:"詩三百,一言以蔽之,曰:'思無邪'。"

2.3　子曰:"道之以政,齊之以刑,民免而無恥;道之以德,齊之以禮,有恥且格。"

2.4　子曰:"吾十有五而志於學,三十而立,四十而不惑,五十而知天命,六十而耳順,七十而從心所欲,不踰矩。"

2.5　孟懿子問孝。子曰:"無違"。樊遲御,子告之曰:"孟孫問孝於我,我對曰,無違。"樊遲曰:"何謂也?"子曰:"生,事之以禮;死,葬之以禮,祭之以禮。"

2.6　孟武伯問孝。子曰:"父母唯其疾之憂。"

2.7　子游問孝。子曰:"今之孝者,是謂能養。至於犬馬,皆能有養;不敬,何以別乎?"

2.8　子夏問孝。子曰:"色難。有事,弟子服其勞;有酒食,先生饌,曾是以爲孝乎?"

2.9　子曰:"吾與回言終日,不違,如愚。退而省其私,亦足以發,回也不愚。"

2.10　子曰:"視其所以,觀其所由,察其所安。人焉廋哉?人焉廋哉?"

2.11　子曰:"温故而知新,可以爲師矣。"

2.12　子曰:"君子不器。"

2.13　子貢問君子。子曰:"先行其言而後從之。"

2.14　子曰:"君子周而不比,小人比而不周。"

2.15　子曰:"學而不思則罔,思而不學則殆。"

2.16　子曰:"攻乎異端,斯害也已。"

2.17　子曰:"由!誨女知之乎?知之爲知之,不知爲不知,是知也。"

2.18　子張學干祿。子曰:"多聞闕疑,慎言其餘,則寡尤;多見闕殆,慎行其餘,則寡悔。言寡尤,行寡悔,祿在其中矣。"

2.19　哀公問曰:"何爲則民服?"孔子對曰:"舉直錯諸枉,則民服;舉枉錯諸直,則民不服。"

2.20　季康子問:"使民敬、忠以勸,如之何?"。子曰:"臨之以莊,則敬;孝慈,則忠;舉善而教不能,則勸。"

2.21　或謂孔子曰:"子奚不爲政?"子曰:"書云:'孝乎惟孝,友于兄弟,施於有政。'是亦爲政,奚其爲爲政?"

2.22　子曰:"人而無信,不知其可也。大車無輗,小車無軏,其何以行之哉?"

2.23　子張問:"十世可知也?"子曰:"殷因於夏禮,所損益,可知也;周因於殷禮,所損益,可知也。其或繼周者,雖百世,可知也。"

2.24　子曰:"非其鬼而祭之,諂也。見義不爲,無勇也。"

八佾篇第三

3.1　孔子謂季氏，"八佾舞於庭，是可忍也，孰不可忍也？"

3.2　三家者以雍徹。子曰："'相維辟公，天子穆穆'，奚取於三家之堂？"

3.3　子曰："人而不仁，如禮何？人而不仁，如樂何？"

3.4　林放問禮之本。子曰："大哉問！禮，與其奢也，寧儉；喪，與其易也，寧戚。"

3.5　子曰："夷狄之有君，不如諸夏之亡也。"

3.6　季氏旅於泰山。子謂冉有曰："女弗能救與？"對曰："不能。"子曰："嗚呼！曾謂泰山不如林放乎？"

3.7　子曰："君子無所爭。必也射乎！揖讓而升，下而飲。其爭也君子。"

3.8　子夏問曰："'巧笑倩兮，美目盼兮，素以爲絢兮。'何謂也？"子曰："繪事後素。"曰："禮後乎？"子曰："起予者商也！始可與言詩已矣。"

3.9　子曰："夏禮，吾能言之，杞不足徵也；殷禮，吾能言之，宋不足徵也。文獻不足故也。足，則吾能徵之矣。"

3.10　子曰："禘自既灌而往者，吾不欲觀之矣。"

3.11　或問禘之說。子曰："不知也；知其說者之於天下也，其如示諸斯乎！"指其掌。

3.12　祭如在，祭神如神在。子曰："吾不與祭，如不祭。"

3.13　王孫賈問曰："與其媚於奧，寧媚於竈，何謂也？"子曰："不然；獲罪於天，無所禱也。"

3.14　子曰："周監於二代，郁郁乎文哉！吾從周。"

3.15　子入太廟，每事問。或曰："孰謂鄹人之子知禮乎？入太廟，每事問。"子聞之，曰："是禮也。"

3.16　子曰："射不主皮，爲力不同科，古之道也。"

3.17　子貢欲去告朔之餼羊。子曰："賜也！爾愛其羊，我愛其禮。"

3.18　子曰："事君盡禮，人以爲諂也。"

3.19　定公問："君使臣，臣事君，如之何？"孔子對曰："君使臣以禮，臣事君以忠。"

3.20　子曰："關雎，樂而不淫，哀而不傷。"

3.21　哀公問社於宰我。宰我對曰："夏后氏以松，殷人以柏，周人以栗，曰，使民戰栗。"子聞之，曰："成事不説，遂事不諫，既往不咎。"

3.22　子曰："管仲之器小哉！"或曰："管仲儉乎？"曰："管氏有三歸，官事不攝，焉得儉？""然則管仲知禮乎？"曰："邦君樹塞門，管氏亦樹塞門。邦君爲兩君之好，有反坫，管氏亦有反坫。管氏而知禮，孰不知禮？"

3.23　子語魯大師樂，曰："樂其可知也：始作，翕如也；從之，純如也，皦如也，繹如也，以成。”

3.24　儀封人請見，曰：“君子之至於斯也，吾未嘗不得見也。”從者見之。出曰：“二三子何患於喪乎？天下之無道也久矣，天將以夫子為木鐸。”

3.25　子謂韶，“盡美矣，又盡善也。”謂武，“盡美矣，未盡善也。”

3.26　子曰：“居上不寬，為禮不敬，臨喪不哀，吾何以觀之哉？”

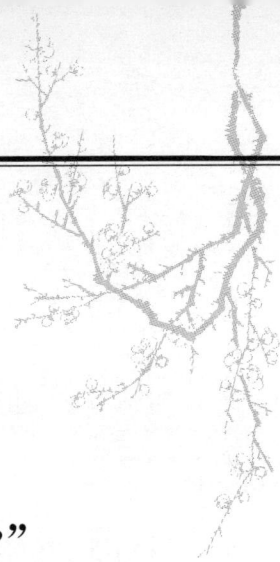

里仁篇第四

4.1　子曰:"里仁爲美。擇不處仁,焉得知?"

4.2　子曰:"不仁者不可以久處約,不可以長處樂。仁者安仁,知者利仁。"

4.3　子曰:"唯仁者能好人,能惡人。"

4.4　子曰:"苟志於仁矣,無惡也。"

4.5　子曰:"富與貴,是人之所欲也;不以其道得之,不處也;貧與賤,是人之所惡也;不以其道得之,不去也。君子去仁,惡乎成名?君子無終食之間違仁,造次必於是,顛沛必於是。"

4.6　子曰:"我未見好仁者,惡不仁者。好仁者,無以尚之;惡不仁者,其爲仁矣,不使不仁者加乎其身。有能一日用其力於仁矣乎?我未見力不足者。蓋有之矣,我未之見也。"

4.7　子曰:"人之過也,各於其黨。觀過,斯知仁矣。"

4.8　子曰:"朝聞道,夕死可矣。"

4.9　子曰:"士志於道,而恥惡衣惡食者,未足與議也。"

4.10　子曰:"君子之於天下也,無適也,無莫也,義之與比。"

4.11　子曰："君子懷德,小人懷土;君子懷刑,小人懷惠。"

4.12　子曰："放於利而行,多怨。"

4.13　子曰："能以禮讓爲國乎？何有？不能以禮讓爲國,如禮何？"

4.14　子曰："不患無位,患所以立。不患莫己知,求爲可知也。"

4.15　子曰："參乎！吾道一以貫之。"曾子曰："唯。"子出,門人問曰："何謂也？"曾子曰："夫子之道,忠恕而已矣。"

4.16　子曰："君子喻於義,小人喻於利。"

4.17　子曰："見賢思齊焉,見不賢而內自省也。"

4.18　子曰："事父母幾諫,見志不從,又敬不違,勞而不怨。"

4.19　子曰："父母在,不遠游,游必有方。"

4.20　子曰："三年無改於父之道,可謂孝矣。"

4.21　子曰："父母之年,不可不知也。一則以喜,一則以懼。"

4.22　子曰："古者言之不出,恥躬之不逮也。"

4.23　子曰："以約失之者鮮矣。"

4.24　子曰："君子欲訥於言而敏於行。"

4.25　子曰："德不孤,必有鄰。"

4.26　子游曰："事君數,斯辱矣;朋友數,斯疏矣。"

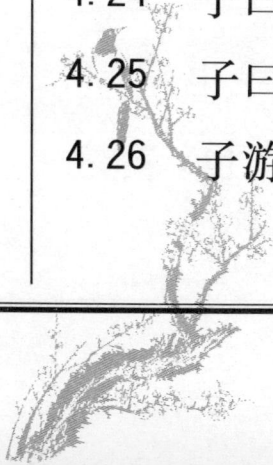

公冶長篇第五

5.1　子謂公冶長，"可妻也。雖在縲絏之中，非其罪也。"以其子妻之。

5.2　子謂南容，"邦有道，不廢；邦無道，免於刑戮。"以其兄之子妻之。

5.3　子謂子賤，"君子哉若人！魯無君子者，斯焉取斯？"

5.4　子貢問曰："賜也何如？"子曰："女，器也。"曰："何器也？"曰："瑚璉也。"

5.5　或曰："雍也仁而不佞。"子曰："焉用佞？禦人以口給，屢憎於人。不知其仁，焉用佞？"

5.6　子使漆彫開仕。對曰："吾斯之未能信。"子說。

5.7　子曰："道不行，乘桴浮于海。從我者，其由與？"子路聞之喜。子曰："由也好勇過我，無所取材。"

5.8　孟武伯問子路仁乎？子曰："不知也。"又問。子曰："由也，千乘之國，可使治其賦也，不知其仁也。""求也何如？"子曰："求也，千室之邑，百乘之家，可使爲之宰也，不知其仁也。""赤也何如？"子曰："赤也，束帶立於朝，可使與賓客言也，不知其仁也。"

5.9　子謂子貢曰："女與回也孰愈？"對曰："賜也何敢望

回？回也聞一以知十，賜也聞一以知二。"子曰："弗如也；吾與女弗如也。"

5.10　宰予晝寢。子曰："朽木不可雕也，糞土之牆不可杇也；於予與何誅？"子曰："始吾於人也，聽其言而信其行；今吾於人也，聽其言而觀其行。於予與改是。"

5.11　子曰："吾未見剛者。"或對曰："申棖。"子曰："棖也欲，焉得剛？"

5.12　子貢曰："我不欲人之加諸我也，吾亦欲無加諸人。"子曰："賜也，非爾所及也。"

5.13　子貢曰："夫子之文章，可得而聞也；夫子之言性與天道，不可得而聞也。"

5.14　子路有聞，未之能行，唯恐有聞。

5.15　子貢問曰："孔文子何以謂之'文'也？"子曰："敏而好學，不恥下問，是以謂之'文'也。"

5.16　子謂子產，"有君子之道四焉：其行己也恭，其事上也敬，其養民也惠，其使民也義。"

5.17　子曰："晏平仲善與人交，久而敬之。"

5.18　子曰："臧文仲居蔡，山節藻梲，何如其知也？"

5.19　子張問曰："令尹子文三仕爲令尹，無喜色；三已之，無慍色。舊令尹之政，必以告新令尹。何如？"子曰："忠矣。"曰："仁矣乎？"曰："未知；——焉得仁？""崔子弒齊君，陳文子有馬十乘，棄而違之。至於他邦，則曰：'猶吾大夫崔子也。'違之。之一邦,則又曰:'猶吾大夫崔子也。'違之。何如?"子曰:"清矣。"曰:"仁矣乎?"曰:"未知;——焉得仁。"

5.20　季文子三思而後行。子聞之,曰:"再,斯可矣。"

5.21　子曰:"甯武子,邦有道,則知;邦無道,則愚。其知可及也,其愚不可及也。"

5.22　子在陳,曰:"歸與!歸與!吾黨之小子狂簡,斐然成章,不知所以裁之。"

5.23　子曰:"伯夷、叔齊不念舊惡,怨是用希。"

5.24　子曰:"孰謂微生高直?或乞醯焉,乞諸其鄰而與之。"

5.25　子曰:"巧言、令色、足恭,左丘明恥之,丘亦恥之。匿怨而友其人,左丘明恥之,丘亦恥之。"

5.26　顏淵季路侍。子曰:"盍各言爾志?"子路曰:"願車馬衣輕裘與朋友共敝之而無憾。"顏淵曰:"願無伐善,無施勞。"子路曰:"願聞子之志。"子曰:"老者安之,朋友信之,少者懷之。"

5.27　子曰:"已矣乎!吾未見能見其過而內自訟者也。"

5.28　子曰:"十室之邑,必有忠信如丘者焉,不如丘之好學也。"

雍也篇第六

6.1　子曰："雍也可使南面。"

6.2　仲弓問子桑伯子。子曰："可也簡。"仲弓曰："居敬而行簡，以臨其民，不亦可乎？居簡而行簡，無乃大簡乎？"子曰："雍之言然。"

6.3　哀公問："弟子孰爲好學？"孔子對曰："有顏回者好學，不遷怒，不貳過。不幸短命死矣，今也則亡，未聞好學者也。"

6.4　子華使於齊，冉子爲其母請粟。子曰："與之釜。"請益。曰："與之庾。"冉子與之粟五秉。子曰："赤之適齊也，乘肥馬，衣輕裘。吾聞之也：君子周急不繼富。"

6.5　原思爲之宰，與之粟九百，辭。子曰："毋！以與爾鄰里鄉黨乎！"

6.6　子謂仲弓，曰："犁牛之子騂且角，雖欲勿用，山川其舍諸？"

6.7　子曰："回也，其心三月不違仁，其餘則日月至焉而已矣。"

6.8　季康子問："仲由可使從政也與？"子曰："由也果，於從政乎何有？"曰："賜也可使從政也與？"曰："賜也達，於從政乎何有?"曰:"求也可使從政也與?"曰:"求也藝,於從政乎何有?"

6.9　季氏使閔子騫爲費宰。閔子騫曰:"善爲我辭焉! 如有復我者,則吾必在汶上矣。"

6.10　伯牛有疾,子問之,自牖執其手,曰:"亡之,命矣夫! 斯人也而有斯疾也! 斯人也而有斯疾也!"

6.11　子曰:"賢哉,回也! 一簞食,一瓢飲,在陋巷,人不堪其憂,回也不改其樂。賢哉,回也!"

6.12　冉求曰:"非不説子之道,力不足也。"子曰:"力不足者,中道而廢。今女畫。"

6.13　子謂子夏曰:"女爲君子儒! 無爲小人儒!"

6.14　子游爲武城宰。子曰:"女得人焉爾乎?"曰:"有澹臺滅明者,行不由徑,非公事,未嘗至於偃之室也。"

6.15　子曰:"孟之反不伐,奔而殿,將入門,策其馬,曰:'非敢後也,馬不進也。'"

6.16　子曰:"不有祝鮀之佞,而有宋朝之美,難乎免於今之世矣。"

6.17　子曰:"誰能出不由户? 何莫由斯道也?"

6.18　子曰:"質勝文則野,文勝質則史。文質彬彬,然後君子。"

6.19　子曰:"人之生也直,罔之生也幸而免。"

6.20　子曰:"知之者不如好之者,好之者不如樂之者。"

6.21　子曰："中人以上,可以語上也;中人以下,不可以語上也。"

6.22　樊遲問知。子曰："務民之義,敬鬼神而遠之,可謂知矣。"問仁。曰："仁者先難而後獲,可謂仁矣。"

6.23　子曰："知者樂水,仁者樂山。知者動,仁者靜。知者樂,仁者壽。"

6.24　子曰："齊一變,至於魯;魯一變,至於道。"

6.25　子曰："觚不觚,觚哉! 觚哉!"

6.26　宰我問曰："仁者,雖告之曰,'井有仁焉',其從之也?"子曰："何爲其然也? 君子可逝也,不可陷也;可欺也,不可罔也。"

6.27　子曰："君子博學於文,約之以禮,亦可以弗畔矣夫!"

6.28　子見南子,子路不説。夫子矢之曰："予所否者,天厭之! 天厭之!"

6.29　子曰："中庸之爲德也,其至矣乎! 民鮮久矣。"

6.30　子貢曰："如有博施於民而能濟衆,何如? 可謂仁乎?"子曰："何事於仁! 必也聖乎! 堯舜其猶病諸! 夫仁者,己欲立而立人,己欲達而達人。能近取譬,可謂仁之方也已。"

述而篇第七

7.1　子曰："述而不作,信而好古,竊比於我老彭。"

7.2　子曰："默而識之,學而不厭,誨人不倦,何有於我哉?"

7.3　子曰："德之不修,學之不講,聞義不能徙,不善不能改,是吾憂也。"

7.4　子之燕居,申申如也,夭夭如也。

7.5　子曰："甚矣吾衰也! 久矣吾不復夢見周公!"

7.6　子曰："志於道,據於德,依於仁,游於藝。"

7.7　子曰："自行束脩以上,吾未嘗無誨焉。"

7.8　子曰："不憤不啓,不悱不發。舉一隅不以三隅反,則不復也。"

7.9　子食於有喪者之側,未嘗飽也。"

7.10　子於是日哭,則不歌。

7.11　子謂顔淵曰："用之則行,舍之則藏,惟我與爾有是夫!"子路曰："子行三軍,則誰與?"子曰："暴虎馮河,死而無悔者,吾不與也。必也臨事而懼,好謀而成者也。"

7.12　子曰："富而可求也,雖執鞭之士,吾亦爲之。如不可求,從吾所好。"

7.13　子之所慎:齊,戰,疾。

7.14　子在齊聞韶,三月不知肉味,曰:"不圖爲樂之至於斯也。"

7.15　冉有曰:"夫子爲衛君乎?"子貢曰:"諾;吾將問之。"入,曰:"伯夷、叔齊何人也?"曰:"古之賢人也。"曰:"怨乎?"曰:"求仁而得仁,又何怨?"出,曰:"夫子不爲也。"

7.16　子曰:"飯疏食飲水,曲肱而枕之,樂亦在其中矣。不義而富且貴,於我如浮雲。"

7.17　子曰:"加我數年,五十以學易,可以無大過矣。"

7.18　子所雅言,詩、書、執禮,皆雅言也。

7.19　葉公問孔子於子路,子路不對。子曰:"女奚不曰,其爲人也,發憤忘食,樂以忘憂,不知老之將至云爾。"

7.20　子曰:"我非生而知之者,好古,敏以求之者也。"

7.21　子不語怪,力,亂,神。

7.22　子曰:"三人行,必有我師焉:擇其善者而從之,其不善者而改之。"

7.23　子曰:"天生德於予,桓魋其如予何?"

7.24　子曰:"二三子以我爲隱乎?吾無隱乎爾。吾無行而不與二三子者,是丘也。"

7.25　子以四教:文,行,忠,信。

7.26　子曰:"聖人,吾不得而見之矣;得見君子者,斯可矣。"子曰:"善人,吾不得而見之矣;得見有恆者,斯可矣。

亡而爲有,虛而爲盈,約而爲泰,難乎有恆矣。"

7.27　子釣而不綱,弋不射宿。

7.28　子曰:"蓋有不知而作之者,我無是也。多聞,擇其善者而從之;多見而識之;知之次也。"

7.29　互鄉難與言,童子見,門人惑。子曰:"與其進也,不與其退也,唯何甚?人潔已以進,與其潔也,不保其往也。"

7.30　子曰:"仁遠乎哉?我欲仁,斯仁至矣。"

7.31　陳司敗問昭公知禮乎,孔子曰:"知禮。"孔子退,揖巫馬期而進之,曰:"吾聞君子不黨,君子亦黨乎?君取於吳,爲同姓,謂之吳孟子。君而知禮,孰不知禮?"巫馬期以告。子曰:"丘也幸,苟有過,人必知之。"

7.32　子與人歌而善,必使反之,而後和之。

7.33　子曰:"文,莫吾猶人也。躬行君子,則吾未之有得。"

7.34　子曰:"若聖與仁,則吾豈敢?抑爲之不厭,誨人不倦,則可謂云爾已矣。"公西華曰:"正唯弟子不能學也。"

7.35　子疾病,子路請禱。子曰:"有諸?"子路對曰:"有之;誄曰:'禱爾於上下神祇。'"子曰:"丘之禱久矣。"

7.36　子曰:"奢則不孫,儉則固。與其不孫也,寧固。"

7.37　子曰:"君子坦蕩蕩,小人長戚戚。"

7.38　子溫而厲,威而不猛,恭而安。

泰伯篇第八

8.1　子曰："泰伯,其可謂至德也已矣。三以天下讓,民無得而稱焉。"

8.3　子曰："恭而無禮則勞,慎而無禮則葸,勇而無禮則亂,直而無禮則絞。君子篤於親,則民興於仁;故舊不遺,則民不偷。"

8.3　曾子有疾,召門弟子曰："啓予足!啓予手!詩云:'戰戰兢兢,如臨深淵,如履薄冰。'而今而後,吾知免夫!小子!"

8.4　曾子有疾,孟敬子問之。曾子言曰："鳥之將死,其鳴也哀;人之將死,其言也善。君子所貴乎道者三:動容貌,斯遠暴慢矣;正顏色,斯近信矣;出辭氣,斯遠鄙倍矣。籩豆之事,則有司存。"

8.5　曾子曰："以能問於不能,以多問於寡;有若無,實若虛;犯而不校——昔者吾友嘗從事於斯矣。"

8.6　曾子曰："可以託六尺之孤,可以寄百里之命,臨大節而不可奪也——君子人與?君子人也。"

8.7　曾子曰："士不可以不弘毅,任重而道遠。仁以爲己任,不亦重乎?死而後已,不亦遠乎?"

8.8　子曰："興於詩，立於禮，成於樂。"

8.9　子曰："民可使由之，不可使知之。"

8.10　子曰："好勇疾貧，亂也。人而不仁，疾之已甚，亂也。"

8.11　子曰："如有周公之才之美，使驕且吝，其餘不足觀也已。"

8.12　子曰："三年學，不至於穀，不易得也。"

8.13　子曰："篤信好學，守死善道。危邦不入，亂邦不居。天下有道則見，無道則隱。邦有道，貧且賤焉，恥也；邦無道，富且貴焉，恥也。"

8.14　子曰："不在其位，不謀其政。"

8.15　子曰："師摯之始，關雎之亂，洋洋乎盈耳哉！"

8.16　子曰："狂而不直，侗而不愿，悾悾而不信，吾不知之矣。"

8.17　子曰："學如不及，猶恐失之。"

8.18　子曰："巍巍乎，舜禹之有天下也而不與焉！"

8.19　子曰："大哉堯之爲君也！巍巍乎！唯天爲大，唯堯則之。蕩蕩乎，民無能名焉。巍巍乎其有成功也，煥乎其有文章！"

8.20　舜有臣五人而天下治。武王曰："予有亂臣十人。"孔子曰："才難，不其然乎？唐虞之際，於斯爲盛。有婦人焉，九人而已。三分天下有其二，以服事殷。周之德，其可謂至德也已矣。"

8.21　子曰："禹，吾無間然矣。菲飲食而致孝乎鬼神，惡衣服而致美乎黻冕，卑宮室而盡力乎溝洫。禹，吾無間然矣。"

子罕篇第九

9.1　子罕言利與命與仁。

9.2　達巷黨人曰："大哉孔子！博學而無所成名。"子聞之，謂門弟子曰："吾何執？執御乎？執射乎？吾執御矣。"

9.3　子曰："麻冕，禮也；今也純，儉，吾從眾。拜下，禮也；今拜乎上，泰也。雖違眾，吾從下。"

9.4　子絕四——毋意，毋必，毋固，毋我。

9.5　子畏於匡，曰："文王既没，文不在茲乎？天之將喪斯文也，後死者不得與於斯文也；天之未喪斯文也，匡人其如予何？"

9.6　太宰問於子貢曰："夫子聖者與？何其多能也？"子貢曰："固天縱之將聖，又多能也。"子聞之，曰："太宰知我乎！吾少也賤，故多能鄙事。君子多乎哉？不多也。"

9.7　牢曰："子云，'吾不試，故藝。'"

9.8　子曰："吾有知乎哉？無知也。有鄙夫問於我，空空如也。我叩其兩端而竭焉。"

9.9　子曰："鳳鳥不至，河不出圖，吾已矣夫！"

9.10　子見齊衰者、冕衣裳者與瞽者，見之，雖少，必作；過之，必趨。

9.11　顏淵喟然嘆曰："仰之彌高,鑽之彌堅。瞻之在前,忽焉在後。夫子循循然善誘人,博我以文,約我以禮,欲罷不能。既竭吾才,如有所立卓爾。雖欲從之,末由也已。"

9.12　子疾病,子路使門人爲臣。病間,曰："久矣哉,由之行詐也!無臣而爲有臣。吾誰欺?欺天乎!且予與其死於臣之手也,無寧死於二三子之手乎!且予縱不得大葬,予死於道路乎?"

9.13　子貢曰："有美玉於斯,韞匵而藏諸?求善賈而沽諸?"子曰："沽之哉!沽之哉!我待賈者也。"

9.14　子欲居九夷。或曰："陋,如之何?"子曰："君子居之,何陋之有?"

9.15　子曰："吾自衛反魯,然後樂正,雅頌各得其所。"

9.16　子曰："出則事公卿,入則事父兄,喪事不敢不勉,不爲酒困,何有於我哉?"

9.17　子在川上,曰："逝者如斯夫!不舍晝夜。"

9.18　子曰："吾未見好德如好色者也。"

9.19　子曰："譬如爲山,未成一簣,止,吾止也。譬如平地,雖覆一簣,進,吾往也。"

9.20　子曰："語之而不惰者,其回也與!"

9.21　子謂顏淵,曰："惜乎!吾見其進也,未見其止也。"

9.22　子曰："苗而不秀者有矣夫!秀而不實者有矣夫!"

9.23　子曰："後生可畏,焉知來者之不如今也?四十、五十而無聞焉,斯亦不足畏也已。"

9.24　子曰:"法語之言,能無從乎? 改之爲貴。巽與之言,能無説乎? 繹之爲貴。説而不繹,從而不改,吾末如之何也已矣。"

9.25　子曰:"主忠信,毋友不如己者,過則勿憚改。"

9.26　子曰:"三軍可奪帥也,匹夫不可奪志也。"

9.27　子曰:"衣敝緼袍,與衣狐貉者立,而不恥者,其由也與? '不忮不求,何用不臧?'"子路終身誦之。子曰:"是道也,何足以臧?"

9.28　子曰:"歲寒,然後知松柏之後彫也。"

9.29　子曰:"知者不惑,仁者不憂,勇者不懼。"

9.30　子曰:"可與共學,未可與適道;可與適道,未可與立;可與立,未可與權。"

9.31　"唐棣之華,偏其反而。豈不爾思? 室是遠而。"子曰:"未之思也,夫何遠之有?"

论语

子罕篇第九

鄉黨篇第十

10.1　孔子於鄉黨，恂恂如也，似不能言者。其在宗廟朝廷，便便言，唯謹爾。

10.2　朝，與下大夫言，侃侃如也；與上大夫言，誾誾如也。君在，踧踖如也，與與如也。

10.3　君召使擯，色勃如也，足躩如也。揖所與立，左右手，衣前後，襜如也。趨進，翼如也。賓退，必復命曰："賓不顧矣。"

10.4　入公門，鞠躬如也，如不容。立不中門，行不履閾。過位，色勃如也，足躩如也，其言似不足者。攝齊升堂，鞠躬如也，屏氣似不息者。出，降一等，逞顏色，怡怡如也。没階，趨進，翼如也。復其位，踧踖如也。

10.5　執圭，鞠躬如也，如不勝。上如揖，下如授。勃如戰色，足蹜蹜如有循。享禮，有容色。私覿，愉愉如也。

10.6　君子不以紺緅飾，紅紫不以爲褻服。當暑，袗絺綌，必表而出之。緇衣，羔裘；素衣，麑裘；黃衣，狐裘。褻裘長，短右袂。必有寢衣，長一身有半。狐貉之厚以居。去喪，無所不佩。非帷裳，必殺之。羔裘玄冠不以弔。吉月，必朝服而朝。

10.7　齊,必有明衣,布。齊必變食,居必遷坐。

10.8　食不厭精,膾不厭細。食饐而餲,魚餒而肉敗,不食。色惡,不食。臭惡,不食。失飪,不食。不時,不食。割不正,不食。不得其醬,不食。肉雖多,不使勝食氣。唯酒無量,不及亂。沽酒市脯不食。不撤薑食,不多食。

10.9　祭於公,不宿肉。祭肉不出三日。出三日,不食之矣。

10.10　食不語,寢不言。

10.11　雖疏食菜羹,瓜祭,必齊如也。

10.12　席不正,不坐。

10.13　鄉人飲酒,杖者出,斯出矣。

10.14　鄉人儺,朝服而立於阼階。

10.15　問人於他邦,再拜而送之。

10.16　康子饋藥,拜而受之。曰:"丘未達,不敢嘗。"

10.17　廄焚。子退朝,曰:"傷人乎?"不問馬。

10.18　君賜食,必正席先嘗之。君賜腥,必熟而薦之。君賜生,必畜之。侍食於君,君祭,先飯。

10.19　疾,君視之,東首,加朝服,拖紳。

10.20　君命召,不俟駕行矣。

10.21　入太廟,每事問。

10.22　朋友死,無所歸,曰:"於我殯。"

10.23　朋友之饋,雖車馬,非祭肉,不拜。

10.24　寢不尸，居不容。

10.25　見齊衰者，雖狎，必變。見冕者與瞽者，雖褻，必以貌。凶服者式之。式負版者。有盛饌，必變色而作。迅雷風烈必變。

10.26　升車，必正立，執綏。車中，不內顧，不疾言，不親指。

10.27　色斯舉矣，翔而後集。曰："山梁雌雉，時哉時哉！"子路共之，三嗅而作。